20代のうちに知っておきたい

仕事のルール27

藤沢 賢 *Ken Fujisawa*

また、やっちゃった…

向いてないのかも…

自分はもっとできるはずなのに

私、役に立っているのかな？
辞めちゃおうかな…
尊敬できる人も特にいないし
もっと向いている仕事があると思う
…何かはわからないけど

夢を追いかけている友達が羨ましい

誰にでもできる
仕事な気がする…

ちゃんと評価されてない！
ムカつく
でも、できない自分に一番ムカつく
〝夢〟とか
言われても
よくわからない
やりたいことって、

とにかく不安
なんだっけ？

DO yo

Enjoy

your

job?

u

Prologue

この本を書いてみて、私はわかった。
世の中は
20代の人で決まると。
そしてあなたの仕事のゆくえも
人生の方向も
20代の生き方で決まると。

20代の人が仕事と人生に夢を持ち、
自分の明るい未来を切り開いていくということの中で、
世の中は活力をもらい、
新しい社会へと移り変わっていくものである、と。
すると20代の読者の方々は、大きな可能性を秘める
とともに、時代を担い、次代を築いていく責務もある
ということになる。

そうは言ってもむずかしく考えないでもらいたい。
とにかく、自分の人生は自分で思うように生きていくこと、なりたい自分をつくっていくこと、
そのためには仕事が思う存分できる人間になっていくこと、それをめざしていけばよいのだ。
経済が低迷し、不況であり、仕事の環境は厳しいと言われている。
とくに20代の人にとって就職難がつづき、就職しても会社の先行きに不安があるところも多いようだ。
終身雇用制もほぼ崩壊しつつある。
そんな時代だが、私は、一人一人の人生をより自由に、より自分の生きたいように、自分のなりたいように、生き抜く覚悟ができる、また自分の考える成功と幸福を手に入れていける時代となったと実感するのである。
すなわち、**組織や他人に支配、介入されずに、自分の生きたい人生を送り、成功していける**のである。

新しい成功の考え方をもって、真の幸福実現をする時

代がやってきたと思うのだ。

そのような時代において20代はどう生きていくのか。

仕事にどう取り組んでいくのか。

仕事のできる人となり、より自分を成長させていく土台はどうつくるかを書かせてもらった。

仕事と人生は一体のものである。

仕事ができるようになって、はじめて自分の思う人生を歩めるようになる。

仕事の力をつけることで、生涯困ることなく、自由に生きていくことができる。

素敵な恋愛も、最高のパートナー探しも、20代で仕事の才能を見出し、伸ばし始めないと、思うようにはならなくなるだろう。

だから、あなたの仕事のゆくえも人生の方向も20代の生き方が左右してしまうことになるのだ。

本書では、仕事ができ、人としての魅力がつき、人間としての成長がはかれるための方法の道筋を示した。

本書の書く内容にしたがって自分からそれに意欲的に取り組んでもらえれば、必ずあなたの人生は、あなたの思うような、素晴らしいものとなっていくのは間違いない。

あなたの輝かしい人生とその出発点となる
20代を心から祝福したい。

あなたは必ず仕事のできる
スーパービジネスパーソンになり、
自らの人生を自らも祝福するようになるだろう。

藤沢賢

CONT

ENTS

第2章　成長

第3章　成功

第4章　時間

第5章　未来

14251 km
8855 mi INDIA
2890 km
1796 mi
7846 km
4875 mi
8406 km
5220 mi ALEMANIA
XCARET
XEL HÁ
7305 km
4539 mi
PORTUGAL
GRECIA
6377 mi
2277 km
1415 mi COLOMBIA
12835 km
7975 mi CHINA
XPLOR 3 km
2 mi
LONDRES

第1章 出逢い

01

20代は出逢いのときである

20代は出逢いのときである。

もちろん人生は、生まれてから死ぬまで出逢いの連続である。

両親のもとに生まれ、日本人として生まれ、そして今の時代に生まれたことも、一つの大きな出逢いであろう。

20代は、学校を終え、仕事を始めるときである。

どんな仕事をするのか、どこの会社に入るのか、どの職場に配置されるのか、すべてが重要な出逢いである。

20代は、人との出逢いが多くなる。

学生時代の、先生と友人くらいしかつき合わなかった人間関係が、一挙に大きく増えていく。

職場の上司、同僚そして多くの得意先、取引先、お客さんたちと出逢い、人間関係を築いていく。

20代にどんな人と出逢い、どのような影響を受けるかは、それこそ一生を左右しかねないことなのである。

20代は、恋愛における出逢いもあるはずだ。
どんな人とつき合うか、どの人をパートナーとして選ぶか。これも生涯を幸福に送れるかどうかの選択の一つでもある。

以上のように、20代はさまざまな出逢いがあるが、それはほとんどが偶然のもののようである。
自分が、こういう人と出逢いたいと思って決めたわけではない。
だから、仕事を始めて、つらいことがつづいたり、嫌な上司がいたりすると、ついグチが出てしまう。

「ついてないなあ」
「何て自分は、人間運、仕事運が悪いんだろう」

「この仕事辞めようかなあ」
その気持ち、よくわかる。
だが、こうしてその仕事を辞めたとしよう。
そして転職したとしよう。
すると、また同じ問題が起きることになる。

もちろん結果的に転職したほうがよいこともある。
だが、とりあえず１年間はしっかりと働いてみるのがよいだろう。普通は３年間と言われるが、本当に合わない仕事、嫌な人間関係だったら自分が傷つく前に辞めたほうがよい。

３年過ぎてからも迷いつづける人はいるだろう。
20代で出逢った仕事や人間関係から離れるかどうかは難しい問題である。
その職場の30代・40代の人たちが輝いているか。尊敬できる人がいるか。得意先の人、お客さんがどういう評価をしているのか。

以上のことを考え、あとは自分自身の描く、理想の、めざしたい生き方、自分が成長できる仕事、職場かどうかを考えて判断すべきであろう。

人生における出逢いは偶然が多いかもしれないが、それを生かすかダメなものとするかは、常に自分の主体的な決断と自分の生き方の確立にあることは決して忘れてはいけない。
人生はあなた自身のものであり、あなたがつくっていくものなのである。

Viel Erfolg!

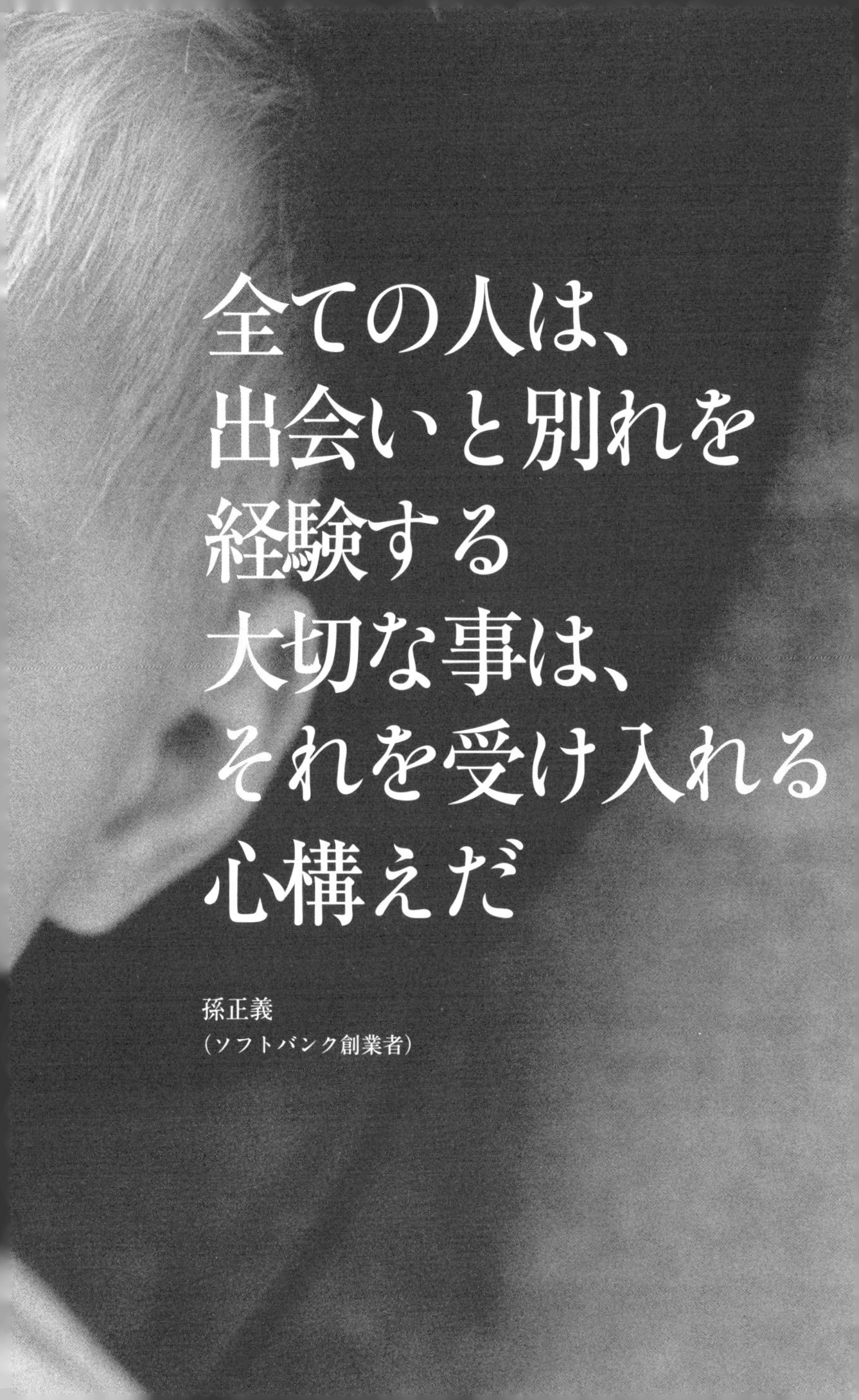

全ての人は、
出会いと別れを
経験する
大切な事は、
それを受け入れる
心構えだ

孫正義
（ソフトバンク創業者）

02

運とツキは人が運んでくる
～人が好きになる人になれ

宝くじで億万長者になった人のほとんどは不幸になると言われる。
アメリカでも日本でもそうらしい。
ただし、宝くじで手にしたお金をほとんど寄附したり、まわりの困っている人にあげたり、友だちとパーッと使ってしまう人は別である。

宝くじで億万長者になった人がなぜ不幸になるのか。
元来、運とかツキというのは、人が運んでくるものである。
ということは、そういうよい人があなたに寄ってくるということではじめてあなたに運が集まる。
人に好かれるというあなたがいるからこそ、運やツキが人とともにやってくるのだ。

ところが、人に好かれない人間が（運やツキがやってこない人間が）、ちょっとした偶然から億万長者になったとき、集まってくるのは、そのお金をねらった訳ありの人間ばかりということになる。
詐欺師や、宗教関係者、寄附をねだって歩いている偽善者たち。
そしてついには騙されてお金を失うか、人嫌いになって、ますます人に好かれない人間になるか、じっと閉じこもった生き方となるか、しかなくなる。つまり不幸となる。
お金は、幸せな時間を持ったり、素敵なものを買ったりしていい気分になるための手段である。
つまり人の幸福に奉仕するためにある。
それなのにお金のためにふりまわされてしまうようでは、不幸な人生、淋しすぎる人生といえよう。

私も一度、宝くじで大金を手にした人に会ったことがある。宝くじで当たったのに、まわりから「宝くじで当たったのに１回もおごってくれなかったケチな人」
といつも言われていた。
本人は､「どうせケチですから」と居直ったり、いろいろとお金が必要なことがあると言い訳したりしていた。
ああ、この人ますます不幸せになっていくなあ、と思ったものだ。
やはり、人生を楽しく、そして幸せに送るためには、人に好かれて、運とツキが向こうからやってくる人になりたい。

そのためには、ケチであってはいけないことも当然である。
ケチな人間は、自分の得することばかり考えているから人に好かれない。また社会への貢献よりも自分の利益を考え始めるから、危険な存在（巨悪というより小悪だが）となる。もちろんケチは社会の景気を悪くする（雰囲気も）。

人に好かれる人間になるには、自分のことが好きなうえに、人のために動くことが好きな人でなければならない。

人の喜ぶ顔を見るのが好きな人が、好かれる人になるのだ。

自分の存在を認めてくれない人ほど嫌な人間はいない。

小さな子どもが、いつも「見ててよ」と言うように、育てている犬が尻尾を懸命にふるように、人はいつも認められたいものなのだ。

人を喜ばせたい、人の喜ぶ顔を見るのがうれしいという生き方を20代で身につけられれば、あなたは一生、運とツキに恵まれる人となれる。

Viel Erfolg!

見返りを求めず、
無差別に親切なことをしてください
いつの日か誰かが
あなたに同じことをしてくれるかもしれないのだから

ダイアナ妃
（イギリス）

03

まずは自分を魅力的な人間にしていく

～夢を持ち、自分を信じる

仕事のできる人間になる前提として、まずは自分を魅力的な人間にしておきたいものだ。

仕事を抜きにして人間的魅力、人としての成長を語ることはできないが、仕事ができるだけでは、それもつまらない。

たとえば営業力がとんでもなくある人間で、売上を人の何倍、何十倍も上げる人間がいたとする。

結果の数字からみて会社への貢献度は高いが、その売上のつくり方に強引なところがあったり、営業トークに誇張があり過ぎたりしたらどうか。

仕事至上主義の人間は、結果だけを重視しがちで、ライバルを卑怯なやり方で出し抜き、売上のためには少々悪いことも平気となりかねない。
一時大きな社会問題となった虚偽表示、不当表示の問題においても、こうした人としての正しいあり方を無視した仕事至上主義の考え方があったのではないか。

やはり仕事ができるか否かの前に、人としての正しい生き方をしっかりと確立すべきである。
そして、魅力的な人間となっていくべきである。
すると、これに仕事力が加わると、無敵のスーパービジネスパーソンとなれる。
先に挙げた、手段を選ばぬ営業の達人よりも、比較することさえできないほどの会社への貢献と世の中への貢献をする人となるのである。

魅力的な人間になるためにどうすればよいのか。
まずは、自分の人生の夢を思い描くべきである。
しかも、その夢というのは、自分を幸せにし、まわりを幸せにし、社会を幸せにしていく善の循環が出てくるような、大きくて前向きなものであってほしい。
自分が自由に生き、やりたいことをやれる幸せな人間になれることを強く信じ、それを認めてくれる世の中と信じたい。

もし、そのような自由を否定したり、阻害するものが存在したら、断固戦っていく気概を持ちたい。
夢があり、自信と気概がある人にして、はじめて魅力的な人になれる。
それに加えて、人に幸せ感を与えられる笑顔がほしい。
笑顔の素敵な人に会えるのは人生の喜びの一つである。
さらには、言葉が前向きで、温かな人がいい。

「元気そうですね」

「いい感じですね」

「ますますよくなっていきますよ」

「いいですねえ。最高ですね」

「素敵です。すばらしい」

「うれしくなります。幸せです」

「面白い。たまりません」

「私って、人に恵まれているんです」

「あなたって、人が放っておかない人でしょう」

などと、自然な笑顔で言う人は、まわりの人が福を感じられる魅力的な人である。

Viel Erfolg!

私はすべての判断の基準を「人間として何が正しいか」ということに置いている

稲盛和夫
（京セラ・ＫＤＤＩ創業者）

04

やはり仕事のできる人間に魅力的な人が集まってくる

夢があって、正しい向上心がいっぱいあって、まわりをいい感じにしてくれる魅力的な人間としての準備ができたら、次はやっぱり仕事における充実を実現したい。

人生は長い。
20代だけでなく、30代、40代そして50代、60代さらには70代、80代と仕事をつづけたいものである。
20代のときは、人としての魅力があり、可愛げがあれば、人は集まってくる。そして、何とかして一人前になってほしいと助けてくれる。
それに応えなければいけない。

30代に入ったときに、仕事の結果が出せないままの人であってはいけない。
そうなると、本当に魅力的な人、仕事もでき人柄もよい人が離れてしまうことにもなりかねない。
人格を磨きつつ、本当に魅力的な人間となるには、仕事の力がなくては高いレベルにはたどりつけないことを自覚すべきである。

実は、人が本当の意味での成長をし、人としての本当の魅力を身につけていくのは、仕事の場しかないともいえるのである。
仕事で結果を出すには、本気の力、真剣の心がけがなくては無理である。
しかし、今の自分の力のままでは仕事の目標は達成できないことが多いだろう。
多くのライバルが（大きく見れば世界中の競争者が）しのぎを削って必死に働いているのである。
これと競い合い、よりよい物やサービスを生み出すことが価値ある仕事といえるのだ。

その仕組みが社会を進展させ、人々を快適にしていくのである。

生半可な努力、心がまえでは一流になどなれるはずがない。
20代にして、その覚悟で仕事に臨むようにしてほしい。
一つの企画、一つのアイデア、一つの作業、一つの販売、一つのサービスに、手を抜かずに打ち込んでいく習慣を身につけるのだ。
すると、あなたは必ず仕事のできる人間になれる。
よい仕事の結果が現れると、それは必ず他の人がすぐにマネをし、あるいは同じことに気づく。
だから一流の仕事というのは「常に限界へ挑戦すること」と言い換えてもよい。

エルバート・ハバードの言葉を紹介しよう。
「どんな人でも、少なくとも１日に一つ、自分には難しいことだと思えることに挑戦し、それをやり抜かないかぎり、人としては大した成長はできない」

また、トム・ピーターズ（経営コンサルタント、学者）も次のように述べる。

「毎日、かならず一つ
すごいことをやれ
それができない日は
すごいことができるように死力を尽くせ」

以上のような仕事への取り組み方が20代に身につけば、この人生において恐れるものなどなにもなくなるだろう。
常に、引っぱりだこの魅力的な人となっていくだろう。

Viel Erfolg!

人が一緒に働くことが成功をもたらす

ヘンリー・フォード
（フォード・モーター創業者／アメリカ）

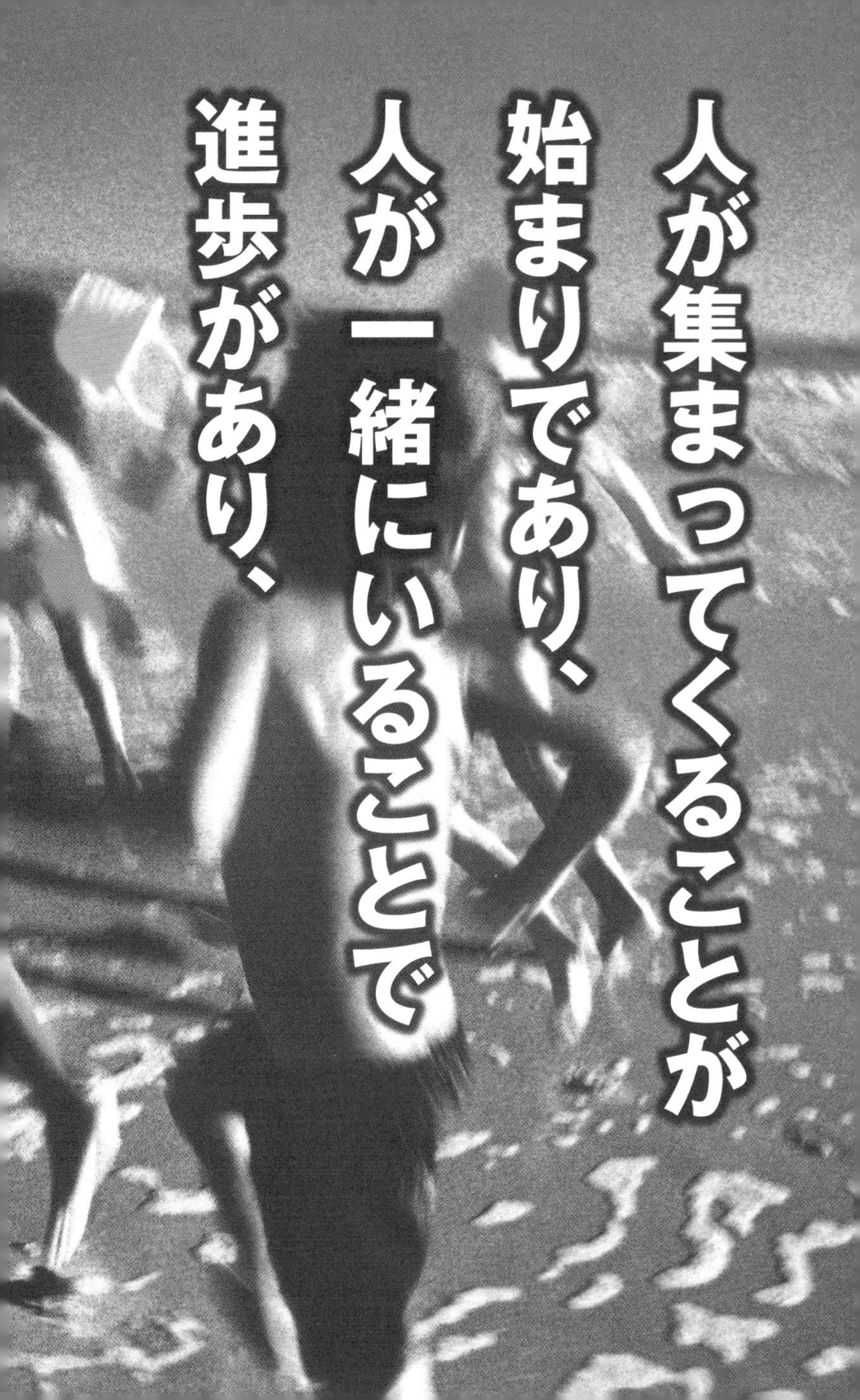

人が集まってくることが
始まりであり、
人が一緒にいることで
進歩があり、

05

つき合う人の選び方
～つき合う人で人生が左右されていく

20代はまず与えられた環境で仕事を始めることになる。
上司も、同僚も自分から選べるものではないだろう。
そこから仕事における人間関係が始まっていくのだ。

そこで必要なことは、素直な気持ちで仕事を学ぶということだ。
上司や先輩社員の指導や教えを受け入れ、しっかりと自分のものとしていかなくてはならない。
「出る杭になれ」と教える本や人もあるが、それは、ビジネスの基本を学び身につけた後のことだ。
最初から生意気な奴だと見なされてしまうと、教えるほうもいいかげんなことを教えかねない。

こうして１年くらい学んだら、自分で考えて工夫することを始めるべきだろう。
２、３年はまだ学ばなければならないこともあるかもしれないが、それとともに、自分から進んで取り組み、よりよい仕事の工夫はないか、よりよい物やサービスにする方法はないかも考えていく習慣を身につけたい。

１年も過ぎて、その仕事の分野で使えない、役に立たないようでは不甲斐ない。何とか早く戦力になるべきだ。
入社後１年くらいで、その会社の将来を支えつづけるほどの仕事をする人もいるくらいだ。
たとえばサンリオの“キティちゃん”はそうやって生まれたキャラクターである。

また、職場においては、同じセクションの人だけでなく、仕事の取り組み方が優れていると思われる他のセクションの上司や同僚とも交流すべきである。

そして、つき合うべきだと考えたら、積極的に仲良くしていくのがよいだろう。
「類は友を呼ぶ」で、あなたの仕事ぶりが認められていれば、できる人たちも、あなたとのつき合いを歓迎してくれるだろう。

人は、つき合う人で人生が左右される。
だから、20代のもっとも成長していく年代において、だれとつき合い、だれに指導してもらえるかは一生の問題ともなることを知っておいてもらいたい。

そこで20代は、フットワークを軽くして、つき合う人の範囲を広げていきたいものだ。
同業他社のライバルたちもいい。業界の若手の集まりや飲み会があれば積極的に参加したほうがよい。
実力者が主宰する勉強会も役に立つ。
20代のこうしたつき合いから、生涯の友、親友もできる可能性が高い。

“合コン”も面白いだろうが、それだけではいけない。
まずは仕事力を身につけるための勉強会、集まりを重視するべきだ。
仕事の能力が高まれば、“合コン”に参加しなくても、素敵な人は向こうからやってくるだろう。

なお、仕事のできない人、まったくやる気のない人とはつき合ってはいけない。
「こんなレベルでいいんだ」といつのまにか影響を受けかねないからだ。
つき合う人は、しっかりと選んでいくようにしたい。

Viel Erfolg!

ひとりで見る夢は夢でしかない
しかし誰かと見る夢は現実だ

オノ・ヨーコ
（芸術家）

06

20代はよい本との出逢いも求めていくべきだ

人生はつき合う人で左右されるが、読む本にも大きな影響を受ける。
本は読まなくても生きてはいける。
しかし一流の仕事をしようと思うなら、人生を自分の思うように生きたいなら、本は欠かせない。

人は、つき合う人、指導してもらえる人を、本当に狭い範囲でしか選べないものだ。
恋人も、結婚するパートナーも、同級生とか同じ職場の人とか、友だちの紹介とかがほとんどだろう。
だからこそ、つき合う範囲はできるだけ広めることを勧めたが、それでも限界はあるのだ。
本は、この限界をあっさりと突破できるだけでなく、約2500年もの間に書かれた偉人、賢人たちの教えや生き方も学べるのだ。
日本のみならず世界中の人と本の中で出逢うことができるのだ。
論語は2500年前の本だが、孔子とその弟子たちの言葉が生き生きと今の私たちを導いてくれる。
司馬遼太郎の本を読めば、日本の歴史上の偉人たちが躍動し、私たちの人生を勇気づけてくれる。

書店に行けば、毎日新刊本が出て並べられている。
本はアマゾンで買うだけでなく、直接書店に行って、自分にとって大きな刺激を与えてくれるものと出逢うべきだ。
日本で活躍している人、世界的に著名な人たちの本が、次々と出てくる。
その中に、必ずあなたのめざすべき人生のかたちやあり方のヒントとなる本があるはずだ。
そういう本はあなたにその存在を語りかけてくれるだろう。

本にもオーラがあるのだ。

不思議なことだが、書店に通えば、あなたを呼び寄せる本というものが必ずある。

「この本を手にとってみて」「この本を読むべきだよ」との声のようなものが聞こえる。

20代は幅広く本を読むべきである。
なぜならそれだけの可能性があるからだ。

自分の向き、不向きも知ることができる。

人は、必ずどこかの分野での天才だという。

自分はどの分野の天才なんだろうと真摯に問いながら、本を読むのは楽しいことだ。

20代こそ、この特権をフルに用いるべきである。

なお本は、書店で出逢うことのほかに、友人や尊敬する人たちから勧めてもらって読むのもいいことだ。

毎日たくさん出版される本は、過去の本も含めると膨大な数がある。

その中から、どの本がよいかを探し出すのは大変なことである。

自分でもよい本との出逢いを求めていきながら、人から教わる本にも注意を向けるのがよいだろう。

20代は人と出逢い、本と出逢うべき年代なのだ。

Viel Erfolg!

勉強するから、
何をしたいか
分かる
勉強しないから、
何をしたいか
分からない

北野武
（タレント・映画監督）

第2章 成長

07

人間としての成長とは何か

仕事は単にお金を稼ぐためだけのものではない。
もちろん人は食べていくために仕事を始める。
しかし、それだけでは満足できないのが人間であるし、
仕事のレベルを上げ、よい仕事をしていくためにも、
「人間としての成長」ということが求められるのだ。
そこで、ここでは、真に仕事ができるビジネスパーソンになるための「人間としての成長」とは何かについて考えたい。

まずは、イメージしてみよう。
私たちはどんな人と仕事をしたいだろうか。
どんな人のサービスを受け、どういう人がつくるモノを手にしたいだろうか。

それは楽しい人である。

また、気持ちが楽になる人である。
さらに、心がワクワクし、共感や感動を覚える人である。刺激を与えてくれる人である。
私たちの傷つき、痛み、悲しんだ心と体を癒し、温かいものに、ホッとしたものにしてくれる人である。
生きる喜び、生きる勇気を与えてくれる人である。
この人といたら安心できるという人である。
この人がいれば私たちの未来はきっと明るいな、人生もいいもんだなと思える人である。

孔子は理想の人としてのあり方を「仁」という言葉で表現した。
この「仁」について、いろいろな角度で教えようとしている。
先にイメージした人のようなものが「仁」といえるだろう。

「仁」を一語で示すことができないように「人間的成

長」というものも、一語で説明することは難しい。
だから、まずは、あなたのなりたい人間のイメージを文章にしてほしい。
それに近づいていくことが「人間的成長」ということである。

ただ、最低次のようなことは言えるのではないだろうか。
人は、自分の一生を幸せに生きたい。
幸せに生きるために、自分のなりたいような人間を思い描き、そこをめざす。
こうした自分の夢を実現するために自分の能力を高め、仕事ができるようにと勉強し、努力する。
これが高まっていくと、次に気づくことがある。
それは、人は自分だけの力では成功できないし、幸せになれるものではない、ということだ。
人の力、人の支え、人とのつながりがあって、はじめて成功も幸せも夢の実現もあるのだ。

とすると、こちらも自分を支えてくれる人に力を貸し、自分に力を与えてくれる人たちを守り、幸せにしていかねばならない。こうして成功と幸せのよい循環が可能となる。

以上から「仁」とは愛と思いやりと言うことができ、相手の状況に応じた、もっともよい動き方をすることだとわかる。
人間的成長とは、自分のことに始まり、結局はどれだけ他の人たちのことを思いやり、考え抜き、愛していけるのか、役に立っていけるのかにかかっていることになる。

Glauben Sie an sich selbst!

仕事の適性とは、

人にどのくらい喜んでもらえるか

で、考えるべきだ

高橋がなり
（実業家）

08

自由な生き方と仕事

人が仕事や人とのつき合いの中で人間的成長をはかっていくために大前提となるのが「自由」である。
そもそも自由な生き方が手に入らねば、人間としての成長も難しくなる。

私たちが仕事の力をつけ、一流のビジネスパーソンをめざすのも、真に自分の自由な人生を手に入れるためである。そして逆に言うと、自由な生き方を抜きにしてよい仕事も生まれにくくなるのだ。

ベンジャミン・フランクリンは、この自由な生き方を求め、その自由を手に入れ、その上で人間的成長をはかりつつ、仕事上の大成功を収めた。
彼はまず自分の人生は、自分のものであり、自分の幸せのためにあると考えた。自分の思うように生きる自由があるのだ、と言ったのだ。

それまでは、主イエスのため、教会のため、領主のため、親のためなどの考え方が強かったのだが、それを拒否し、「自分が自分の好きなように生きて、幸せになること」が神様が喜ぶことだと考えた。

そして自分が成功し、幸せになるために、よい仕事ができるようになるために、次の13の徳を磨き、身につけたいと努力した。

1．節制（食べすぎない、飲みすぎない）
2．沈黙（人や自分のためにならない話はしない）
3．規律（時間を決めて守り、仕事をする）
4．決断（なすべきことを決心し、決心したらやり抜く）
5．節約（お金の無駄づかいをしない）
6．勤勉（時間を無駄づかいせず有効に使う）
7．誠実（人を害しない。正しく考え、正しい言

葉を使う）

8．正義（不正なことはしない。やるべき義務を果たす）

9．中庸（なにごとも極端にならないこと）

10．清潔（身体、衣服、住居を不潔にしない）

11．冷静（つまらないことに心をとり乱さない）

12．純潔（真摯な恋愛、お互いを高め合う恋愛を心がける）

13．謙譲（自分の我を通さない。人を立てる）

ベンジャミン・フランクリンは、こうして仕事上の成功を収めていった。
これは自伝で紹介され、世界中で読まれた。日本の明治の教育勅語もその影響を受けているほどだ。

夏目漱石の『坊っちゃん』の中に、本はあまり読んでいなかった主人公が『フランクリン自伝』は読んでいると述べる箇所があるくらいだ。

漱石の親友、正岡子規も日記に、貧乏なフランクリンが印刷工から始めて仕事に成功していく物語が自分には本当に面白くて、刺激を受けたと書いている。

ところで『坊っちゃん』は、私たちの気分を爽快にしてくれる作品である。主人公が自分の自由な生き方を貫いていくところがとても魅力的である。
主義・主張を曲げ、権力のある上司にこびて仕事をしていこうなど決して考えないのだ。
そんな生き方をしていたらよい仕事などできない。
坊っちゃんは先生だが、卑屈な心では、子どもたちによい教育などできないだろう。
友人の正岡子規やその幼なじみの秋山真之（日本海海戦時の海軍参謀）が大きな仕事を成し遂げたのも、自分の自由な生き方と考え方を貫けたからだ（秋山もアメリカ留学中にフランクリンを熟読したはずだ）。

このように自由な生き方と一流の仕事は強く結びつい

ていることを忘れずに、ベンジャミン・フランクリンの言う13徳を身につけつつ、成長していきたいものだ。

Glauben Sie an sich selbst!

やりたい時に、
やりたいことができる、
これ以上の幸せって
ないよね

所ジョージ
（タレント）

09

仕事ができる人ほど、人間的に成長する人である

20代は仕事にくらいついていかなくてはいけない。
まずは、一人前になるために必死に勉強し、先輩や上司の足手まといにならないように1日も早く独り立ちをしていくべきだ。

1日中仕事のことを考えて、打ち込むのも悪いことではない。
一生のうちに、それだけの集中力を発揮できるのも20代なのだ。

そうしているうちに、早くも大きな結果を出す人も出てくる。
20代でトップセールスの栄誉を手にする人もけっこう出てくるのである。

彼らはできる先輩に学び、マネをし、必死に動き回ってそれだけの成績を収められたのである。

セールスの現場では、どれだけお客さんに気に入られるかが重要となる。
なぜ20代で、トップセールスとなれるのか。
それは、お客さんがそのセールスマン、セールスウーマンを自分が育ててあげたいと思うからだ。
「この可能性に賭けてみたい」とか、「真剣なのが可愛い」「話をしているとこちらの未来も明るいように思える」などと感じられるからだ。

ところが問題は、この20代のトップセールスマン、ウーマンがずっとその地位を守れるかである。
ずっとセールスの現場にいる人もいるかもしれないが、マネジメントの立場に変わることもあろう。
私は何人かの日本におけるトップセールスの人たちを観察してみて、二つのタイプがいることがわかった。

一つのタイプは、口先のうまさだけを武器にして生きていく人である。
トップセールスになるくらいだから話術は巧みである。しかし、その話は何年たっても、何十年たっても変わらない。人にどんどんあきられていく。
過去の栄光を語るだけで、若い人にも嫌われるようになってしまう。

別のタイプの人は、とにかく勉強をするという人だ。
若いときから本を読み、勉強会に参加し、自分を磨く。
30代、40代となると若い後輩を育て、親身に教えていく。自ら文章を書き、本を書くようにもなる。
お客さんの声に真摯に耳を傾け、新商品の開発に役立つように提案しつづける。
日本のこと、世界のことをよく学び、自分で役立つことを考える。こういう人も本当にいる。

最初のタイプのように20代で華々しく成功し、そこでうぬぼれたり満足したりすると終わりである。その後の長い人生でどんどん人間として行き詰る。

むしろ20代は苦労したほうがいい。大いにつまずき失敗し、悩んだほうがよい。

そしてそこで人生のこと、人間のこと、社会のことを真剣に学び、仕事に再度挑んでいくほうがよい。

そうしてがんばっていく中で、人間的に成長しつつ、より自分を大きくする仕事をし、世の中にも貢献できる人となっていってほしい。

Glauben Sie an sich selbst!

天分は持って生まれるもの
才能は引き出すものよ

ココ・シャネル
（ファッションデザイナー／フランス）

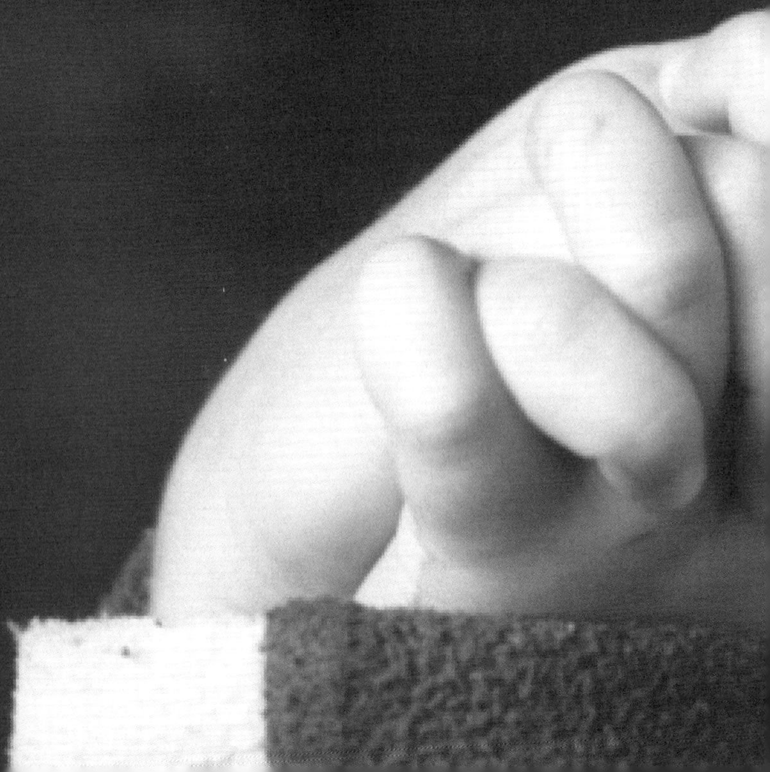

10

仕事ができる人間になるために最低限求められること

仕事ができる人間にならなければ話にならないのが世の中である。
人間としての成長を語ることもできない。
そのためにも20代においては、最低限これだけは守っていかなければ仕事ができる人間の領域にすら入れないということを確認しておきたい。

第一は、健康である。
健康こそが社会人としての礼儀の第一であるとも言われることがある。
この健康を維持するために、夜ふかしや暴飲暴食の習慣はやめ、少しずつ規則正しい生活に変えていくべきである。
健康的な顔、体つきは、職場でも、取引先にも、お客さんにも好印象を与えるものである。
ついでに言えば、声にも張りのあるように明るく気持ちを込めてほしい。服装も汚らしい雰囲気を与えるようなものは避けるべきだ。
ヒゲをきちんと剃り、化粧も程よくし、つめや髪の手入れも行き届いた人でなくてはならない。

第二は、挨拶である。

挨拶でその人の気分ややる気が見える。人嫌いなのか、仕事に向上心があるか、ほとんど見抜かれてしまう。
気持ちのこもった感じのいい挨拶をすることを心がけなければいけない。

第三は、笑顔である。

仕事ではうまくいかないこともある。難しい問題も次々に起こる。上司やトップが怒り狂うときもあるかもしれない。しかし、自分だけは常に前向きに、明るい心がけを持ち、笑顔で仕事に立ち向かっていかなくてはいけない。

笑顔が出ない仕事はやってはいけない。

第四は、仕事の納期は絶対守るということである。

どんな仕事にも納期がある。どんな依頼にも時間の制約がある。それを必ず確認し、その時までに全力で仕上げてしまわなければいけない。

この納期を必死に守りつづけることで人は力をつけていくのである。

第五は、納期とも絡むが、必ず途中経過を上司なり、相手方なりに報告したほうがよいということだ。

いわゆる報告・連絡・相談である。依頼主側の事情の変更もあるし、途中の報告、相談でより良い方向に変えることもできて都合がいいからだ。

「報・連・相」では、しっかりと相手の真意を聞き取り、確認することを心がけなくてはいけない。

仕事のできない人の特徴は、自分の都合のよいように考えるクセを持っていることだ。
だれもその人の都合なんか聞いていないのにである。
さらには、社会の状況のせい、天気のせい、仲間のせい、会社のせいなどにして話が飛躍した言い訳をするクセの人もいるが、まったく話にならないレベルである。
これではいつまでも仕事はできないし、人間的にも成長できない。

成長する人、仕事のできる人になるには、すべての問題を自分のものとしてとらえ、何とかできないかと反省、工夫し、勉強する人であってほしい。

Glauben Sie an sich selbst!

あきらめない
勝てないよ

ベーブ・ルース
（伝説的メジャーリーガー／アメリカ）

奴には、

11

結果にこだわりつづける
常に一流の仕事を求めていく

一生伸びつづけ、自分の自由な生き方を謳歌し、よい仕事をしつづける人となるために20代から心がけてほしいことがある。
それは自分の仕事の結果にこだわりつづけることだ。
しかも仕事で食べていくプロである以上、常に一流の仕事をするという覚悟でいくことだ。

「20代だから、これくらいでいい」というような甘えた考えは捨てるべきだ。
この仕事の分野で、日本で一流どころと見なされている人たちをライバルとし、それに負けない仕事を目指すべきである。
本気で勝ちに行くことだ。
そうすれば、すぐに一人立ちできる実力もついてくる。

すぐ独立し、フリーになるわけではないけれども、いつでもフリーになって世の中で一流の仕事をしつづけられ、食べていける領域にまで自分を持っていきたい。
フリーになる、独立するというのは20代でなくていい。
だが、20代からそれくらいの気持ちと覚悟で仕事に取り組んでいてこそ一流の仕事ができるのだ。

仕事の結果はマーケット・市場が客観的に判断してくれる。
もちろん、名が売れ、あるいは大きな組織力や資金力でもって大きな成果を上げることのほうが圧倒的に多いかもしれない。
しかし、やり方はあるだろう。
どこかにチャンスがあるはずなのだ。
それをめざして工夫をつづけ、日本や世界のトップレベルとしのぎを削るぞというくらいの気持ちを込めて仕事をしていきたい。

たとえば、スティーブン・スピルバーグがまだ無名の25歳のときにつくったテレビ映画「激突」がそうだった。
予算がない中で、いかに面白くて見る人を惹き付ける映画をつくるかに賭け、見事な作品に仕上げている。
「ジョーズ」や「インディ・ジョーンズ」シリーズにつながる、ハラハラ・ドキドキがある。

尾田栄一郎氏が『ワンピース』前に描いた作品集『ウォンテッド』(集英社)を見ると、やはりスピルバーグと同じことが言えると思う。
自身も、
「これは『名作集《めいさくしゅう》』。誰《だれ》が何《なん》といおうと『名作集《めいさくしゅう》』です。数々《かずかず》の没《ち》っていった短編達の意志を継ぎ、世《よ》に出《で》た数《かず》少《すく》ない『名作《めいさく》』達《たち》。彼《かれ》らをただの短編《たんぺん》と呼ぶ事はあまりにも口惜《くちお》しい」
とその仕事への気概を述べている。

この作品集の最後は「ロマンスドーン」という短編だが、その中にモンキー・D・ルフィが登場している。
そして次の文章で締めくくられている。
「数年後の話だが“麦わらのルフィ”という海賊がこの海で名を揚げる」
いずれ少年ジャンプで『ワンピース』の連載が始まることを自分自身で確信していたわけだ。

尾田氏はそれこそ、その後の20代を『ワンピース』で全力で突っ走り、一流の仕事を張りつづけ、30代からは全世界で一流として扱われている。
その成長はとどまるところを知らない。

20代のスピルバーグや尾田氏のように、あなたも20代から一流の仕事をやる気概で今の仕事に取り組んでいこうではないか。

Glauben Sie an sich selbst!

プロの仕事とは、何があっても言い訳をしないこと

秋元康
（作家・プロデューサー）

12

人格を磨き、品格を高めていく人生を送ろう

いくら収入が多いからといって、品性を疑うような仕事はしたくない。
そういう会社で仕事はつづけたくない。

かつて消費者金融（いわゆるサラ金）が高収益を上げ、ウォール・ストリート・ジャーナル誌なども絶賛していたとき、最大手といわれた会社の社長と話をしたことがある。
また別の会社の30代半ばの副社長（創業社長の息子）とも話したことがある。

いずれも本好きというので、そのために私も呼ばれて本のことを中心に会話をした。
二人とも年収は数千万円以上もあるためか（億を超え

ていたのかもしれない)、どこか富裕であることの気持ちよさを語りたくてしかたないようだった。

読んでいる本のことなど話はしているが、本好きという割には大した本は読んでいなかった。いわゆるベストセラー本がほとんどだ。
ベストセラーの本が悪いのではなく、さらに他の自分を磨くような重厚な本の話もあってよいのではないか、と思ったのだ。

二人に共通したビジネスの考え方は、いかに人を減らし、さらに収益を高くするための策を工夫しているかということだった。その自慢話をした。
給料の高い有能な社員を切っていき、それでも回るシステムづくりを考えているというのだ。つまりトップとその一族だけの利益を考え、社員やお客さんのことはどうでもよいというわけである。

こういう仕事観の経営者、ビジネスパーソンに人格も品格も求めるほうが無理というものだろう。しかし、こんなビジネスパーソンが大きい顔をするビジネス社会は必ずダメになっていく。

今は、大手消費者金融はほとんど銀行系として吸収されてしまったが、日本の金融界ひょっとすると世界の金融ビジネス全体も倫理的におかしくなっていたのではないか。

私は、彼らと会っているときに、たとえ年棒1億円をくれると言われても、一緒に仕事などできないなと考えた。今もそういう考えを持った自分を誇りに思う。

20代のビジネスパーソンとしては、いかに年収を上げるかにも大きな関心があるはずである。
だが、注意してほしいのは、あまりに報酬のことが第一の人生を送っていると、年をとるにつれて、品のない、そのうえ、収入も少なくなってしまう疲れた人間となることが多いということだ。
あるいは怪しい会社、危ない仕事に手を出し、取り返しのつかないことにもなるだろう。

報酬は、正しい仕事力で、市場で高く評価される一流の仕事をしていれば、必ずついてくるものだ。マーケットも、天の配慮も、人生をトータルすると必ず見合うようになっている。
とするならば、やはり目先の収入の多さにとらわれるよりも、人間を磨き、誠実で信頼の厚いビジネスパーソンをめざすべきであろう。

先に紹介したフランクリンの13徳や、孔子の教える徳を第一に考え、そのうえで仕事の結果にこだわる人間となりたいものだ。

20代にこうした正しいビジネス観、ビジネスパーソン像をしっかりと確立してほしい。
そうすれば一生仕事のことで心配することはないだろう。
どんと、収入も人もあなたについてくるようになる。

Glauben Sie an sich selbst!

成功する人間になろうとせず、
むしろ価値ある人間になろうとしなさい

アルベルト・アインシュタイン
（物理学者）

第3章
成功

13

自分の成功イメージと幸福感を正しく見つけていく

成功に関する本、すなわち成功法則本は、それこそ山ほどあって、それぞれに役立つ内容が書かれている。
ただ一つ注意しておくべきは、「人にとっての成功とは何か」ということについて教えてくれない本がほとんどであるということだ。

なんとなく「お金持ちになる」とか「エグゼクティブになる、社長になる」とか、「社会的な地位や名誉を手に入れる」ということが前提になっているようだ。
私は成功や幸福というものは、その人一人一人によってちがうものだと考えている。
その人にしか、その人の成功は考えられないのである。

一人一人が自由に生きて、自分の幸福な生き方を追求する権利があるというベンジャミン・フランクリン以来の幸福追求権（日本国憲法では第13条）は、そういうことを保障するものである。

億万長者になって自家用ジェットに乗って世界中を飛び回り、世界の一流ホテルで豪華な食事をしてまわるのもよいだろう（ただし、それだけの収入を得るための犠牲も払うことを覚悟しなくてはいけない。それだけの利益を集めるのはただごとでは済まないからだ）。

一方で、田舎の自然溢れる場所で年収200万円でもいいから家族で団らんし、つつましく暮らし、自分で野菜をつくるような生活がしたいという人もいるだろう。

年棒数億円のプロスポーツ選手になるとか、大ベストセラー作家として活躍するとか、子どもたちにボランティアでスポーツを教えたいとか、売れることよりも自分の書き残しておきたい作品を書いていく物書きでいたいとか、人それぞれのはずだ。

そこでぜひやってほしいことは、自分の成功イメージと幸福感を言葉にして紙に書いて確認するということである。
これは、毎日確認し、あるいは修正していくとよい。
人は、年々、日々、見方も考え方も夢も目標も変化し、成長するからだ。

私の大好きなエマーソンの言葉があるので紹介しておきたい（あくまで参考である）。

「成功とは、
いつも気持ちよく大きな声で笑い、
知性ある人たちからのリスペクトと子どもたちの愛情を得られ、
正直で良心的な評論家によい評価をされ、そして見せかけの偽りの友人の裏切りにも耐えることが

できき、

美しいものがわかり、他人のよいところを見ることができ、そして子どもの健康、庭の手入れ、社会の改善などに少しでもよいから加わることができ、

一人でもいいから、あなたが生きていてくれてよかったと思ってくれること。

これが、人生で成功したということである」

あなたの人生でめざしたい成功イメージはどういうものだろうか。

成功への道は、そこから始まる。

Glauben Sie an sich selbst!

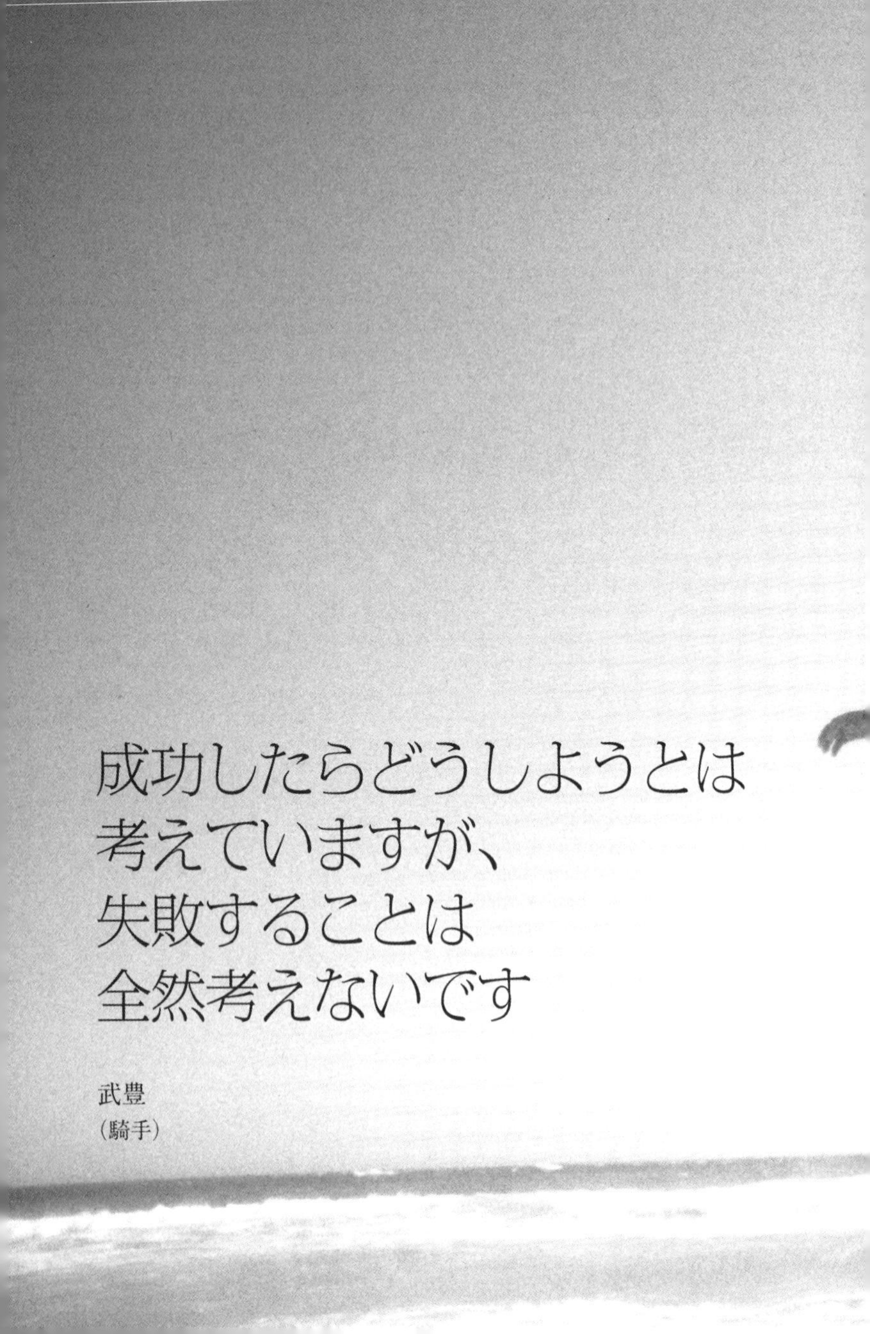

成功したらどうしようとは
考えていますが、
失敗することは
全然考えないです

武豊
（騎手）

14

自分のなりたい人物、尊敬する人物の研究をする

自分の成功するイメージを確立せよと述べたが、20代では明確にすることができないこともある。
なぜなら世の中に出て、いろいろなことを知り、いろいろな人を見始めたばかりで、自分自身がどんどん成長し、変化していくからである。

そこでお勧めしたいのが、自分がなりたい人物のモデルや尊敬する人のことを徹底的に研究することである。
それも、一人に限ることなく、最低二、三人、できるなら数人の研究をしたらどうだろうか。
そして、その際その人物が10代、20代、30代、40代と何をやったかを年表にしていくと面白い。
それを見ながら、自分の今と見比べて、自分の成長度合いをチェックするのである。

一気に作成するのは大変だろうから、少しずつ記入を増やしていけばよい。
それと同時に、集められるだけの情報を集めていくようにする。
その人物自身の書いたものは手に入れてすべて読む。
さらに他人がその人に関して書いたものも読んでみる。
さらには、その人が好きな作家や、その人の友人たちが書いたものまで目を通してみると面白い。
友人たちの本の中に、かえってその人の真実の人間性が見えることもあるからだ。
そういう意味では、その人の親そして子どもが書いているものも必見だろう。

もっと進めば、その人が生きていた時代状況も調べてみるといい。
ここまでくれば、もうその人物の評論家の一人となれるほどだ（将来本にしてもいいと思う）。
それだけでなく、これだけ勉強するというのは、それだけで仕事においても力がついていくことになるだろう。

行動力、情報収集力、整理・段取り力がつく。そして役立つ名言の数々に触れることになる。

人が成功していくために必要なこともよくわかってくるだろう。

これらがあなたに仕事における自信を与えることになるのだ。

今までとちがう自分を感じ、堂々と生きていこうとする自分を発見するだろう。

たとえ失敗し、つまずいても大丈夫であることもわかってくるはずだ。

自分のめざしたい人物、尊敬する人たちの20代の苦難や挫折の大きさを見よ。

それを乗り越えていく中にこそ、自分を鍛え、伸ばしていった秘密があるのもわかるはずだ。

このように偉大な人、大好きな人の研究というのは、自分の成功人生においても大きな力となってくれるだろう。

Glauben Sie an sich selbst!

気持ちも、
尊敬している人に
なりきる
いつも、だれかに
なりきっていました

イチロー
（メジャーリーガー）

15

人生とお金、成功とお金

お金は人生において重要なものであることは、子どもでも知っている。
赤ちゃんから、2、3歳まではお金よりも愛情が大切だが、幼稚園くらいから世の中のこと、親の生き方を見て、お金があればなんだか幸せそうだとなってくる。
10代､20代と過ぎていくと、何はなくともまずお金ということになる。
だから成功者としての大きな基準として、いかに稼ぎいかに蓄えているかが重要とされるのもうなずける。

だが、よく考えてみればどこかおかしい。
もともと私たちが一番大切にすべき自分の成功イメージや幸福感からすると、何よりも重視すべきは自分の自由な生き方と、家族や親しくしている、かけがえのない人たちとの幸せなつながりであって、お金はそれを守り支えるためにある。
あくまでも手段なのである。奉仕するものである。

それは本当は心の奥でわかっているのに、表面的にはお金があるかないかで世の中は決まるところがあり、そればかり見てきているから、手段や奉仕のためのお金が私たちの人生を支配する主人かのようにふんぞり返ってしまうのだ。
お金のために命さえも犠牲にしてしまうという、おかしなことがたくさん起きてしまっている。
こうしてお金ばかりに心を奪われる人たちは、自由な生き方、本来の自分の生き方をも奪われていくことになるのだ。

以上を確認したうえで、仕事でも人生でも重要なお金のことについての注意点を述べたい。

お金は生活を支え、ビジネスを円滑にする不可欠なものである以上、その計算に強くならなければいけない。
とくに収入と支出には最大の注意が必要となる。
これは個人の生活も会社の運営もまったく同じであって収入以上の支出はしてはいけない。
ただ会社の場合には、将来に向けた投資というのが必要となるので、銀行からの借入れや株主に出資を求めることが出てくる。

20代に勧めたいのは、収入の１割くらいを貯金しておいて、あとは自分の成長のための自己投資をすることだ。本代や勉強会費、旅行費などである。
収入の１割を貯めつづけるだけでも生涯にすると大した資産家になるのではないか。

ベンジャミン・フランクリンは次のように述べる。
「要するに富への道は、それを望めば簡単なことなのだ。それはビジネス上の取引のやり方と同じである。勤勉と節約だ。時間とお金を決して浪費せずに、この二つを最大限に活用しよう。まじめに働いてお金を得、必要な支出を除いて、得たお金を貯金するのである。こうすれば必ずお金持ちになれる。正直に努力するすべての人に祝福をお与えになる神様が司る、この世界においては必ずそうなるのである」

この考え方を忘れずに、あくまでも自分の生き方、自分の成功イメージと幸福感を大切にし、上手にお金とつき合っていくべきである。

Glauben Sie an sich selbst!

成功は誕生日みたいなもの
待ちに待った誕生日がきても、
自分はなにも変わらないでしょ

オードリー・ヘップバーン
（女優／イギリス）

16

夢の実現や成功にも
段階がある
ステップがある
毎日を全力で生きることが
大切である

自分の人生の成功イメージを持ち、それに向けて勉強し、工夫していくことを勧めたが、そこに至るまでの道筋のことにも触れておきたい。

まず、イメージが確立したものについては、必ず実現することはまちがいない。
ただし、明日というわけにはいかないし、来年ということもないだろう。

私自身の経験では、早くて３年、だいたいは10年くらいしてから現実のものとなっていく。

10年というのは実は長くて、あなたが20歳であれば30歳からということになる。
しかも10年後にスパッと現れるのではなく、そのチャンスが訪れ、それを必死につかんでいくことで実現できていくのである。

10年もすると実はあまりにもいろいろなことが日々起きてくるので、それに対応し、奮闘しているうちに成功イメージのことや目標をついつい忘れてしまっていることがある。

だが心の奥にしっかりと植え付けられている成功イメージの働きは精妙ですばらしいものがあるため、いつのまにかそのための力を私たちにつけていってくれるのである。

アメリカ成功法則の元祖の一人、エルバート・ハバードは次のように表現している。

「自分のやりたいことをしっかり心の中に刻み込む。めざす方向を見失わずに、目標にまっすぐ向かうのだ。あなたの大きな夢や目指すべき素晴らしい人生を、いつも、いつのときも、忘れないでほしい。そうすれば、サンゴ虫が流れる海水の中から必要な栄養素を吸収しつつ、立派なサンゴをつくりあげるように、あなたも月日がたつにつれて、自分の夢や願いをかなえるのに必要な機会を、自然に手にしているにちがいない。
自分がなりたいと思う、役に立ち、しかも情熱をもった理想像を心の中に描こう。
そうすれば、時間がたつにつれて、そうした自分の思うような人間となっていくのだ。
人の思いこそすべてである」

このように、成功の実現までには時間があり、段階がある。
そしてある目標が達成されたり、成功へのチャンスが与えられたりすると、さらに次なる挑戦が待っているのである。

成功とはステップ・アップしつつ手に入れていくものであることを忘れないでほしい。

そしてとくに気をつけてほしいことは、自分の成功を思い描き、自分の目標をいつも確認することとともに、1日1日を全力で生きることである。

成功を実現することはもちろん素晴らしいことである。しかし、さらに素晴らしいのは、それを追いながら生きていく今日という日の充実である。その過程である。

今日1日本当によくやった。
今日はきつい日だったけど、これが未来の自分のためになる財産だ。
私のために時間をつくってくれたあの人に感謝し、あの人の幸せを願おう。

こんな自分でいたいものだ。

Glauben Sie an sich selbst!

100点は無理かもしれん

でも

MAXなら出せるやろ

松本人志
（タレント）

17

至高の成功をめざしたい
～まわりの人たちと世の中に大きな貢献をする喜び

人は思い一つで自分を変え、成長させ、成功させていけることを学んだが、逆に油断するとすぐ調子にのり、自分のことだけよかれと思うところもあるのに注意したい。

青雲の志をもって官途についた若者が、高い地位を得てから、次第に私利私欲、天下りのことばかり考えるようになり、国民のためにならない組織づくりに励んだりする。
近年の東京電力福島原発の放射能事故で、初めて明らかになった政・官・財の癒着。国策と税金投入で守られつつ、独占企業である東京電力の社長は年棒７千万円を超えているというようなこともわかった。しかも天下りまでする。

日本人の誇るべき美質の“廉恥心《れんちしん》”というものを失った、このような“成功者”たちを見て悲しくなったのは私だけではないはずだ。

一方、イギリスの児童向け物語の大ベストセラーの日本語訳本の権利を手にした翻訳者兼社長が、スイスに住所を移して巨額の所得税を逃れようとして問題となったことがあった。
「見解の相違」ということになろうが、日本で発行し、日本人の読者が購入し、日本で収益をあげた（しかも史上空前のベストセラーシリーズである）。それでもスイスの銀行に報酬を振り込み、日本の高い所得税は払いたくないというのである。

成功者の中には、同じように、手にした利益の多くを海外の銀行やスイスあたりのプライベートバンクなどに送金し、資産をうまく逃そうとする人がいる。“合法”というが、釈然としないものがある。
相続税対策などで日本にお金を残しておきたくないということだろう。

さらに公的な補助金（税金）をいつも多額に引き出して得したことを喜んでいる人もいる。

こういう日本であっていいのだろうか。
私は、やはり成功者と言う以上、**まわりの人や社会のために大いに貢献する人であってほしい。日本という国のことも誠実に考える人であってほしい。**
自分だけが得すればいいと思う人を成功者と呼んではいけないと思う。

西郷隆盛の有名な言葉に、
「幾《いく》たびか辛酸《しんさん》を歴《へ》て、志《こころざし》始《はじ》めて堅《かた》し。丈夫《じょうぶ》は玉砕《ぎょくさい》、甎然《せんぜん》を愧《は》ず。一家《いっか》の遺事《いじ》人《ひと》知《し》るや否《いな》や。児孫《じそん》のために美田《びでん》を買《か》わず」

というのがある。

子孫の方にお会いしたら、「本当に何も財産は残してくれていなかった」と笑っておられた。

しかし、易経にある次の言葉のように、幸せな人生を送られているようであった。

「積善《せきぜん》の家《いえ》には必《かなら》ず余慶《よけい》有《あ》り。積不善《せきふぜん》の家《いえ》には必《かなら》ず余《よ》殃《おう》有《あ》り」

つまり、

「世のために善いことをしていた家の子孫には思いがけないよいことが起こり、私利私欲の家の子孫には思わぬ災難が起きる」

である。

日本の未来のこと、私たちの子孫のことを考えると、20代のあなたにはぜひ至高の成功者をめざしてほしい。成功し、幸せになることで、さらにまわりと世の中に元気を与え、その幸せのおすそ分けをしていってほしい。

そういう人が増えることが日本のビジネスを発展させ、
世の中を明るくしていくことになる。

Glauben Sie an sich selbst!

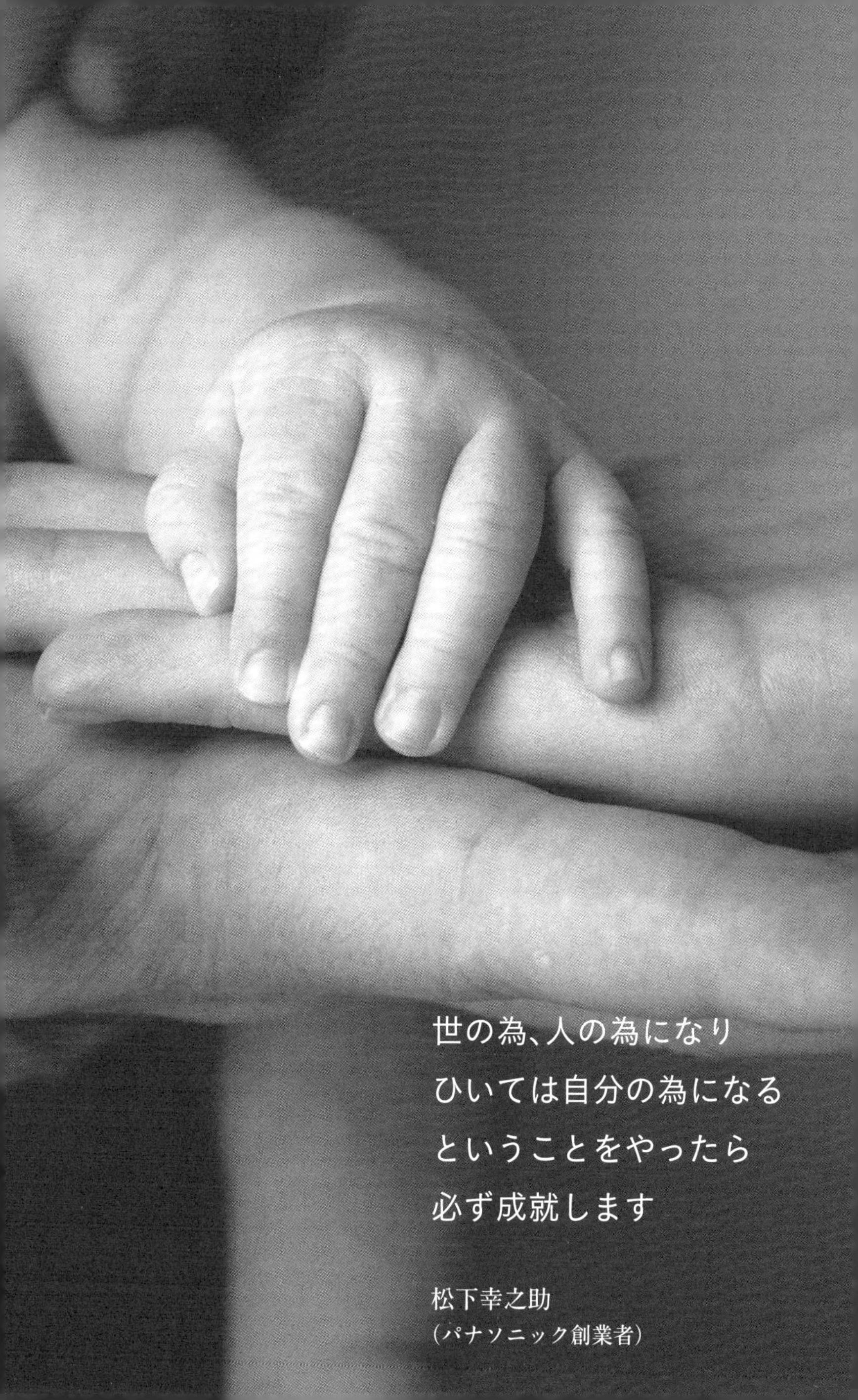

世の為、人の為になり
ひいては自分の為になる
ということをやったら
必ず成就します

松下幸之助
（パナソニック創業者）

第4章 時間

18

仕事は時間の使い方と集中力で決まる

仕事は時間を有効に使わなければいけない。
ベンジャミン・フランクリンの言う「時は金なり」である。
すなわち成功する人、富を手にする人の条件は、時間に対しても「誠実・勤勉・節約」であるということである。

ただ机にすわり、パソコンに向かっているだけでは何もできないし、進まない。まったく成長できない。
ただ仕事場にいても、無駄話ばかりしている人は、役に立つことのない人となる。自分の明るい未来も失っていく。
現在のオフィスでは、ほとんどの人がコンピューターを前にして仕事をすることが多いため、見た目にはわからないようである。

そのため誠実に、集中して、仕事の成果を上げようとせずとも、「得した」ような気になる人がいれば、その人はいつまでも仕事ができる人になれない。

結局、一生自分のやりたい仕事も、望む人生も得ることはできなくなる。

本当に仕事のできる人は、次のような努力をして時間を有効に使う。

まず、①仕事の目的をしっかりと把握する、のである。

つまりは自分は今何をすべきかを知るのだ。

次に、②その目的に向かって成果を上げるように集中する。

さらに、③より効果を上げるために考え、工夫する。

最後に、④よりよい成果を上げるために、もっと時間を有効に使えないかと反省するのである。

以上のように、①目的②集中③思考・工夫④反省の四つを忘れずにいれば、必ず超一流のビジネスパーソンになれるだろう。

「天才とは1パーセントの才能と99パーセントの汗でつくられる」という名言で知られるエジソンは、次のようにも述べている。
「忙しくしているからといって、本当に仕事をしているとはいえない。すべての仕事の目的が成果を生み、あるいは達成されるには、汗をかくのと同じくらいに、仕事の展望とシステムの把握、計画、情報、正しい目的を持っていることが必要なのだ。ただ仕事をしているように見えるだけでは何もしていないのと同じなのである」

エジソンの言う「99パーセントの汗」の中には、①目的②集中③思考・工夫④反省の四つが含まれているのがわかる。
いや「1パーセントの才能」の発揮にも、この四つの実践にかかっていよう。それによってはじめて自分の“天才”はどのあたりにあるか見えてくるからだ。

人は必ずどこかの分野で天才であるはずだ。
あとは、自分の向き、不向きを見極めることだ。その見極めは、①目的②集中③思考・工夫④反省の継続の中で、はじめて可能となることだといえよう。

ein Traum geht in Erfüllung.

金を稼ぐよりも時間を稼げ

本田宗一郎
（ホンダ創業者）

19

早起きの習慣を考える
～人は習慣でつくられるもの

20代は習慣づくりの始まりでもある。

どういう習慣かというと、自分の一生をどういうふうなものにするかの習慣である。

というのは、人は習慣でつくられると言っても過言ではないからだ。

たとえば言葉一つをとってもよくわかる。

もともと生まれたばかりの人間は素である。

それが日本に生まれ、日本語を話す両親の下に育って日本人となり、日本語を覚えていく。

その日本語も、どういう使い方をするかの習慣で人は異なってくる。

「おはよう」「こんにちは」の挨拶でさえ、きちんと気持ちよくできる人とできない人がいる。「ありがとう」

「ごめんさない」もそうだ。

また、いつ、何を、どのくらい食べるかどうかで人の体のつくり、健康度合いも異なる。

スポーツでも、たとえば野球のボールの投げ方は子どものときからやっていないと、野球選手のような投げ方を身につけることは難しくなる。
水泳もそうだ。小さいときから泳いでいないと、水泳選手のようにうまく泳げるようにはならない。
スポーツの分野では、このように子どものころからの習慣が重要となるが、**言葉や仕事、健康、生き方、成功などのための習慣は、20代でどのようにも変えられるところが多い。**

10代までの習慣もかなり重要ではあるが、それはどちらかというと親や学校の指導によるものが多かった。
20代からは自分の意志で、自分のなりたい未来像に

向かってつくっていくのである。
それまでの20年の習慣を打ち破り、変えていくことはやはり大変なことであるが、やればできるのである。
そしてやり始めれば1日1日となりたい自分に近づいていけるのだ。それは、死ぬまでつづく長い道のりである。その過程を楽しみながら進むことは嬉しいことでもある。

20代でぜひ試してみたい習慣は早寝早起きであろう。
大学生のときまでは夜更かし、朝寝坊が特権の一つであった。
しかし、ビジネス社会では早起きする人が仕事ができ、成功するとよく言われる。
これは、一つには、そういう習慣に変える意志の強さが、他のよいビジネス習慣にも通じているとみることもできるから、よくうなずけることである。

ただ、ある程度成功し、自分の自由な時間を持てる人、自分のペースで時間配分ができる人になると、やはり、夜型、夜中型のほうがよい仕事ができて気分がいいという人もいる。
これは、40代くらい、早くても30代後半からのことであろう。

また、やはり健康のことは気になる。
人間は夜11時から朝方4時くらいまでは寝ているほうがよいらしい。成長ホルモンなどもそのときにつくられるからという。
まずは20代、早起きの習慣をつくり、朝を有効に使いたいものだ。
せっかく早起きしたのだから、パソコンで時間を無駄にするようなことはしないで、たとえば語学の勉強や仕事の準備、計画などに使うと1日1日と仕事のできる人となっていくだろう。

ein Traum geht in Erfüllung.

君たちの時間は
限られている
だから自分以外の
他の誰かの人生を生きて
無駄にする暇なんかない

スティーブ・ジョブズ
（アップル創業者／アメリカ）

20

アフター5の使い方
週末の過ごし方
～人生は長いが
自分を磨く時間は少ない

早起きとともに注目したいのがアフター5の使い方と週末の過ごし方である。

20代は人生が始まったばかりの感がある。
ここから40年、50年、60年と仕事をしていかなくてはならない。
人生が長く感じられるかもしれない。
しかし、30代に入ると人はあせり出す。
自分の人生、このままでいいのだろうか、と。

40代になるともっと考え込む。
私の知人のテレビのコメンテーターでもある大学教授

は、40を過ぎると毎日ためいきをついていた。

「オレの人生こんなもんでいいのだろうか。このくらいの仕事しかできないのだろうか」

また、新聞記者も40代になると初めて自分の非力さに気づかされて嘆き出す人も多い。

「自分が世の中動かしているくらいに思っていたのに、それはただの錯覚だった。自分は、ただ新聞社という組織の看板の下で、偉そうに人の意見や人の動きを追っていただけだった。自分自身は何も成長することをやってこなかった」と。

20代を10年間とみると、ざっと約3650日。そのうち8時間は寝て、8時間は会社で働くとすると3分の1しか自分のために使える時間はないということになる。

すると約1216日。約３万時間である。もし、あなたが25歳だとすると約608日、約１万5000時間しかない。

厳密には、そのすべての時間を自分のために使えるわけはなく、また、自分の楽しみや娯楽のための時間も必要だろうから、さらにその半分はなくなるとみてよいだろう。

となると、20代というのは、あっという間に進んでいき、自分の勉強するための時間、自分を磨く時間というのがいかに少ないかがわかる。

先の時間の計算の中には、週末と休日の８時間も仕事としてカウントされている。
だからこそ、この週末、休日こそもっとも自分を磨くための勉強時間、あるいは自分の未来のためになる行動時間となることを忘れないでほしい。

それに加え、20代は、生きる大きな喜びであり、未来のパートナーを見つけるための恋愛という大イベントもある。
このための時間も週末、休日において有効に使う必要がある。

「何て時間がないのか20代は」、である。

以上からすると、やはり20代のアフター5をいかに過ごすのかが、自分の未来がどうなっていくのかの分れ目であるようにも思える。
せめて、毎日寝る前に最低1時間は自分のための時間を持ちたい。
読書、あるいは自分の人生を考える時間である。

その他、自分の尊敬する人に会う日とか、自分の勉強したいことを教えてくれるセミナーに行く日とか、自分がつき合いたいと思う友人、恋人と未来を語る日とかもつくっていきたい。

ただ毎日ボォーッとするだけでは、20代がもったいなさすぎることを肝に銘じておきたい。

ein Traum geht in Erfüllung.

余暇を
どう使うか
というのは、
人格を試す
テストである

エルバート・ハバード
（教育者・作家／アメリカ）

21

生涯スパンを考えつつ今の仕事を見つめてみる
～2足のわらじ論とライフワーク論

20代は、とにかく目の前の仕事に打ち込まなくてはならない。
まずは早く一人前としての実力をつけることに必死であってよい。

ただ、同じ20代でも半ばを過ぎたころからは生涯スパンでの自分の仕事というものも考えたほうがよい。
というのは、一方で終身雇用制というものが崩壊してしまっていること、他方で年金制度もどうなるか不透明で、受給が始まるのは70歳いや80歳ということも十分ありうるからである。
すると同じ仕事、同じ会社で50年60年過ごすということも考えられなくなるだろう。
長い人で25年から30年だろう。
ということは、あと倍のビジネス人生を送らなければならないということだ。
へたをすると3倍、4倍となる。

こうした生涯スパンを考えると、20代もうかうかしているわけにはいかなくなる。
昔はほんの一部の人しかやっていなかった「2足のわらじ」も見直されるわけである
つまり、たとえば会社勤めをしながらもアフター5や週末を利用して別の仕事をするのである。
作家は、こういう人がほとんどである。
というのも、作家として印税だけで食べていくのはほとんど難しく、ほんの一部のベストセラー作家たちに限られるからだ。
ミュージシャンもそうだろう。
あとは、塾講師の人もいよう。

最近は、野菜の流通において、ＪＡではない産地費消型の“ふれあい広場（市場）”とか、“道の駅”的な独自の直販型のマーケットも増えたため、新しいタイプの“兼業農家”も増えてきた。
つまり本業は農家でないのに、休耕地を借りて野菜をつくって出荷する人である。
また、アフター５に居酒屋やレストランで働いて、“修業”する人もいる。
いずれ自分でオーナーや料理人、シェフとなって店を出すためである。

私は、こうした２足のわらじは大いにやってよいと思う。
もちろん会社の仕事に迷惑はかけてはならない。しかし、会社があなたの一生を面倒見てくれるわけでもないのだ。

これは社長にも当てはまるのであって、企業の寿命は

30年というのが一般的である以上、次の“仕事”を考えておくべきだ。
こうして別の仕事を持つのもよいし、仕事をしつつ、資格を取ったり、別のライフワークを持っていずれ仕事として生かせないかを考えておくのもよいだろう。

最後に言いたいのが、実は今の自分の仕事の延長や周辺にこそもっとも大きなチャンスがあるということだ。
ヘッドハンティングによる転職とか、独立、起業というのも、今の仕事に打ち込み、実力がついて注目されるぐらいになると可能となる。

仕事の実力をつけつつ、生涯スパンの自分の仕事人生を考えていこう。

ein Traum geht in Erfüllung.

ぼくは毎日のようにこう自問している
「今ぼくは自分にできる
一番大切なことをやっているだろうか」と

マーク・ザッカーバーグ
(フェイスブック創業者/アメリカ)

22

人とのつき合い方
～人と群れて時間を過ごすのだけはやめよう

人生は長いが、貴重な20代はあっという間に過ぎてしまう。
1年1年いや1日1日が宝物のような時である。
その過ごし方が、一生のあなたの方向性を決めてしまいかねない。

だから最低限やるべきことは、**時間の使い方は自分自身で管理し、主体的に決めるということである。**
人に誘われたら、それがどんな人であろうと「うん、いいよ」とついていくようではいけない。
たとえば、誘う人たちがその日その日を、ただおもしろおかしく過ごせばいいと思っている人たちや、向上心もなく仕事もいいかげんな人たちだったらどうなるのか。
話すことといえば会社や上司やその場に来ない同僚の悪口、男や女にモテて遊び回っている軽い友人たちの話、あるいは自分の遊びっぷりの自慢ばかりであったらどうなるのか。
毎日を、そんな人と群れていたら、あなたもまったく同じような人間となってしまうのはまちがいない。

つき合わないほうがよい人たちはもちろん、つき合いたい人でも「今日はごめん。勉強会があるので○○か○○あたりはどう？」とか、別のよい日を出し合って決める勇気を持つことだ。
そうしていることで自分が自分の時間を有効に支配しているという習慣が確立し始めるだろう。
まわりの人も、そういうあなたを認めていくにちがいない。

最初は、確かに勇気がいるだろうが、すぐに慣れることだから心配しなくてよい。
一生がかかっているのだ。

次のような孔子の言葉を自分に言い聞かせておけばよい。
「子曰《しいわ》く、君子《くんし》は周《しゅう》して比《ひ》せず、小人《しょうじん》は比《ひ》して周《しゅう》せず」（為政第二）
（孔子曰く、大きく成長していく人〔君子〕というのは、広くつき合うべき人を求めるが、まったく成長していかない人〔小人〕は、特定の向上心のない人たちと群れて広くつき合いを求めていかない）

「子曰《しいわ》く、君子《くんし》は和《わ》して同《どう》ぜず、小人《しょうじん》は同《どう》じて和《わ》せず」（子路第十三）
（孔子曰く、大きく成長していく人〔君子〕は、人と仲良く協力し合えるが、群れて流されるようなことはしない。まったく成長しない人〔小人〕は、群れて流されるばかりで、ここぞというときに協力し合えず頼

りにならない)

「子曰《しいわ》く、道《みち》、同《おな》じからざれば、相《あ》い為《た》めに謀《はか》らず」
(衛霊公第十五)
(孔子曰く、めざすべき道や人生の価値観がちがうと、お互い話がまったく合わず、何か事をなそうにも協力し合えるものではない)

結局、昔から人というのは同じで、大きく成長する人というのは、向上心のない人たち、まったく成長しようとしない人たちと無駄な時間を過ごさないということなのである。

ein Traum geht in Erfüllung.

と誰もが思うことならば、
競争相手はほとんどいない

ラリー・ペイジ
（グーグル創業者／アメリカ）

「そんな馬鹿なことはできない」

23

自由で明るい未来を信じて生きていこう まわりを明るくしていこう

20代の人間が未来を信じて生きていかない限り世の中はよくなっていかない。
人も社会も、自らを支配するイメージにしたがって動くものである。
20代が社会の流行とイメージをつくる一番のエネルギーを発揮するのだ。
また、あなたのまわりもそうだ。
つき合う相手を明るくし、家族を明るくし、職場を明るくするのは、20代のあなたの姿勢、考え方、生き方なのだ。

「そんなこと知ったこっちゃない。人のために生きてられるか」

と言うことなかれ。

自由で明るい自分の人生、自由で明るい社会なしに、
あなた自身が幸せになれないからだ。

幕末の重苦しい閉そく感が覆う社会を切り開いたのは、明るい日本の未来を信じて行動した20代30代初めの若者たちだった。
底抜けに明るく、どこまでも自由に生き抜く自分をイメージして生きた坂本龍馬は、20代後半から日本を動かすような仕事をし、32歳でこの世を去ってしまった。

有名な話がある。
龍馬は、維新後の新政府の名簿から自分の名を消したというのだ。そして、維新の大功労者である龍馬がなぜ新政府に参加しないのかと不思議がる人たちに「世界の海援隊でもやりますか」と述べたのである。
まさに自由人坂本龍馬の真骨頂だ。
この明るさ、無邪気さそして構想力の大きさが今なお、

日本人の若者たちの熱い支持がある理由なのではないか。

もう一人の幕末の偉人吉田松陰は29歳で刑死した。
25歳のとき最初の弟子となる金子重輔とアメリカのペリー艦隊に乗り込み、アメリカ行きを願い出たが断られ、二人は自首して牢に入った。
牢で病が重くなった金子に松陰は励ましの文章を書いて与えた。
「日本の国が、外国による日本支配の策謀を打ち破り、しりぞければ、日本国民はよみがえり、同じように体が病を取り除けば、体は元気になる。国民がよみがえれば、すなわち勢いが出てくるし、体が元気になれば、心も意気盛んになる。国民に勢いがあれば、この世にかなわない敵はなく、心が意気盛んであれは、この世に成就できない難しいことなど存在しなくなる」

残念ながら金子は病死した。

しかし、この松陰の気迫、この気概、この未来への展望が、日本の未来を切り開いた。

25歳の松陰の徳、知性、威厳に感銘したペリー提督は帰国後の公式文書にこう書いた。
「日本人は疑いもなく研究好きの国民で、彼らは道徳的ならびに知識能力を増大する機会を喜んで迎えるのが常である。不幸な二人の行動は、同国人の特質より出たものであると信ずるし、また国民の抱いているはげしい好奇心をこれ以上によく示すものはない。日本人の志向がかくのごとくであるとすれば、この興味ある国の前途は何と味のあるものであることか。またつけ加えるとするならば、その前途は何と有望であることか！」

20代の日本人の若者から、ペリーは日本の明るい未来を確信したのである。ぜひあなたにも、日本の未来を明るくしてほしいと願う。

ein Traum geht in Erfüllung.

上を向いている限り、
絶対にいいことがある
明るい未来がやってくるはずだ

三浦知良
（プロサッカー選手）

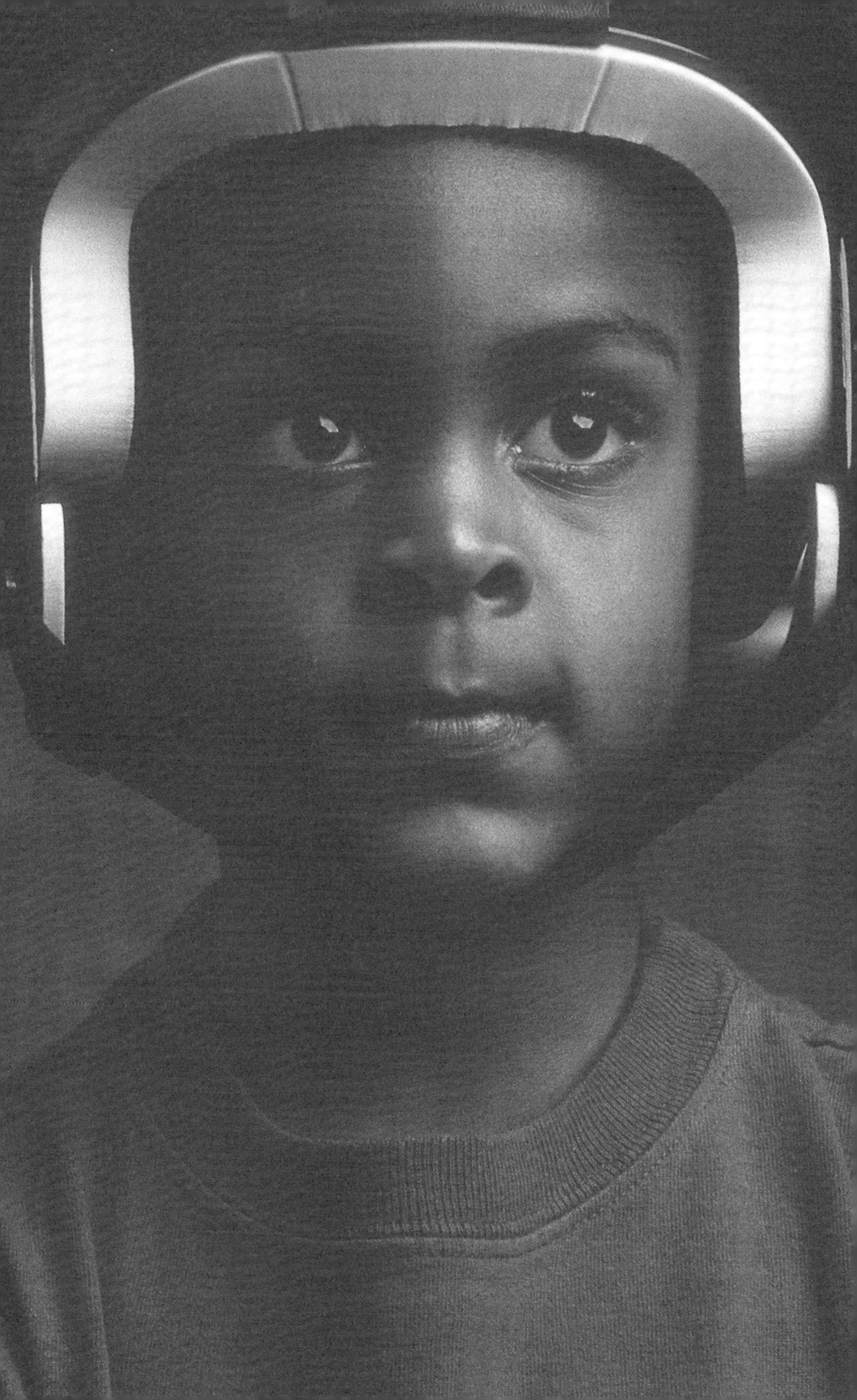

第5章

未来

24

仕事と恋愛と未来

20代は恋愛のときでもある。
仕事も20代のうちに基本を固め、姿勢、方向を確立することで自分の未来が決まっていくが、**どういう人と恋愛するかにも自分の未来がかかっている。**

男はつき合う女で伸びるかどうかが左右されるし、女もつき合う男で人生の真の喜びを感じられるようになるかどうかが決まる。
そしていずれも仕事の面に与える影響も強い。

つき合う相手が仕事のできる人であること、将来もその能力を伸ばしていってほしいことを願う人であれば一番よい。
逆に、相手の容姿のみを問題にするとか、学歴や家柄そして大きな会社にいて安定しているかどうかという、現在のその人にしか関心がない人だと大変だ。
仕事よりも、自分の勉強よりも、私のためにより多くの時間、より多くの精神の集中をせよということになり、これからせっかく伸びていこうとする人を制約し、成長を止めてしまいかねない。

仕事と恋愛は、両立させるべきである。
どちらか一方をとるという人生はあってはならない。
なぜなら、どちらも幸せな人生にとって不可欠だからだ。
だから彼あるいは彼女とつき合うことで仕事にもますますやる気が起こり、よい仕事の結果が出せていくようにしていきたいものだ。

20代も後半となると結婚問題も浮上してくるだろう。
最近は30代の結婚も増えてきている。
だが20代で、「この人しかいない」「この人となら人生が楽しく、幸せに生きていけるにちがいない」「この人の幸せは私が支えたい」と思えるならば20代においても結婚すべきではないだろうか。

恋愛と結婚は一応は違う。
恋愛関係はつづけても結婚しない人もいる。
結婚するとなると相手との生活が始まるわけだから、その分「自由」も制約される。
さらに子どもができると、もっと制約される。
反面、その分強くつながる人ができる幸せがあり、家族としての喜びもある。
どちらを選ぶかは、その人の決断である。

なお結婚後は、人生のパートナーとしての面が強くなり、恋愛感情は少なくなる。
志賀直哉が言った「愛し方は変化していっても互いに愛し合う気持ちは変わらない」ということだ。

サミュエル・スマイルズの『自助論』の中に、フランスの政治学者トクビルの言葉が引用してある。
「高潔な女性はおのずと夫の品性を高めるが、心の卑しい女性は、必ず夫の品性を下げてしまう」

これは逆も真なりだ。つき合う男の品格が女の品性を上げたり下げたりする。
品格、品性こそ、これからの個人の自由に価値を置く時代において、ますます重要となるだろう。

つき合う相手、結婚する相手によってあなたの仕事も未来もかなり影響を受けることになるのを忘れないでほしい。

Einen schönen Tag.

仕事と恋愛、どちらも追います

澤穂希
（プロサッカー選手）

25

人生の目標を立て、1年、3年、5年、10年、20年の計画を立ててみよう 未来への橋渡しをしよう

20代だから、先のことはまだいい、未来のことを語るのは早い、と考えるのは危険である。その未来は、今の積み重ねだし、今怠ることが未来の幸せを奪ってしまうかもしれないのだ。

20代の10年と30代の10年は、同じ長さだが、その推進力、爆発力、柔軟力、吸収力等において異なる。
40代と20代ではさらにちがう。
もちろん30代から始めても遅すぎるということはない。
何歳になっても何でも始めることはできる。
ただそれを生涯の職業とすることがかなり難しくなる

などの差は歴然としてあるのだ。

一つの極端な例で言うと、プロ野球選手になれるのはほとんど20代のうちだけだろう。
画家とか音楽家になるのもやはり20代がほとんどではないか。
語学の勉強だって30代より20代で始めたほうが力はつきやすい。
いずれ海外ビジネスにかかわりたい人は、20代からビジネス英語を勉強したほうがよいだろう。

そこで私は、人生の年表、予定表、計画といったものをつくることをお勧めしたい。
大ざっぱでいいから20代から100歳くらいまでの人生計画を立てるのだ。
よほどのことがないかぎり90代、100歳くらいまで生きていく時代となった。
55歳、60歳からのリタイア生活、隠居生活という人もいようが、そこからの約40年何をするのかも考えておくべきだろう。

海外を旅して回るということなら、そのための貯蓄と語学力はいるだろう。
庭いじり、野菜づくりをしたい、ということなら畑付きの家を建てるとか田舎に住めるようにするという準備も必要だ。
そして、20代からの10年ごとの大ざっぱな計画を立て、その年代での自分はどうなっておきたいか、何をやりたいかを明確にしておくとよいだろう。
このとき、前に紹介した自分の尊敬する人、なりたい人物像の人の年表を参考にするのもよいだろう。

さらに、5年ごと、3年ごと、1年ごとの計画も立てるとよい。
こうして立てた人生計画をながめているだけで自分の明るい未来が見えるようにしておくのだ。

すると、そこに向かっての今の１年の重さもわかり、やるべきことにも身が入るだろう。
あとはドラッカーがやっていたように、１年ごとに、反省、チェックするようにしたらよいだろう。
この１年で自分に何が足りなかったのか、次の１年で何をすべきかもよく見えてくるだろう。

この人生計画表は、明るい未来のため、自分らしく幸せに生きるためのものであるから、難しく考える必要はない。きちきちにしばられることもない。自由に、柔軟に、闊達《かったつ》に活用していくためにある。
きっと面白くて大いに役立つものとなるだろう。

Einen schönen Tag.

成功の秘訣？

それは大きなビジョンが持てるかどうかだけだよ
ビル・ゲイツ
（マイクロソフト創業者／アメリカ）

26

気づいたらどんどん修正していくこと

計画を立てることを勧めたが、計画はどんどん変えていい。

時代環境も激しく変わるし、自分自身も変わる。

それを、人生の計画を立てたら、それを守っていくんだと固執しすぎると本来の自分さえ見失いかねない。

変わる勇気を持つべきだ。

もちろん変わる勇気は、人生計画自体を変えることもあるし、人生計画の方向性や未来のイメージは変わらないが、その過程を変えることもある。

たとえばある会社に勤めていたが、国際情勢の変化でその会社が海外に進出し、そこにオフィスや工場を出すことになったとしよう。

そこにあなたも赴任しなければならなくなったとしたら。
赴任先が欧米なのか、東南アジアなのか、中国なのか、などでもちがうだろう。
また、単身赴任なのか、家族と一緒なのかも大きな問題である。
子どもがいれば子どもの教育の問題も出てくる。
運命の人と思っているパートナーと離ればなれになるのも考えものということもある。
この会社を辞めるのも一つの決断である。
また、これをチャンスとするのもよいだろう。
これらの決断をするときの決め手は、やはりあなたの未来のイメージや未来のあるべき姿から逆算していくことによるのではなかろうか。

世界中で活躍しているイメージがあり、海外の友人たちとも親しくつき合っている自分でいたい、とかであれば海外に赴任してもよいだろう。

将来作家になりたいとかの夢があれば、海外での仕事の経験は必ず役立つから行くべきだろう。
逆に、自分の最愛の人といつもいっしょにいたいとか、海外で暮らすよりも、日本に住んで友人や仲間と楽しくいたいとかであれば、辞めることになるだろう。

自分が人生計画を変えるとき、その決断はあくまでも最後には自分自身でやるべきである。
親に言われたからとか、恋人や夫、あるいは妻に言われたからとか人のせいにしてはいけない。
反対されたら説得し、理解してもらうべきだ。

自分の人生は自分がつくっていく。自分の未来は自分が自由に、思うようにしていく、ということを忘れ、人の言うことに従うクセがついてしまうと、あなたの未来は暗いものとなるだろう。

自分が変わる勇気を発揮し、まわりの人たちの理解を得て、新しい挑戦をする人にこそ明るい未来が待っている。

Einen schönen Tag.

明日のために
昨日を捨てる

ピーター・ドラッカー
（経営学者）

27

日本の未来を明るいものにしていこう

最近の日本人、とくに若い人たちは、覇気がない、向上心がない、道徳心がない、と言われることも多い。
でも気にすることはない。
明治以来、いや有史以来ずっと言われつづけている言葉である。
それほどに日本人は、先のようなあり方をよしとして理想化してきたのであろう。

前にも紹介したペリー提督の文章ではないが、日本人が常に平和で、住みやすい国づくりを綿々としてきたのも、①向上心、②勤勉さ、③道徳心の三つがすぐれていたからにちがいない。
さらに加えると④包容力であろう。
だから諸外国とくに近隣アジアの国が日本に無礼な

言動をとりつづけても（自国民向けの人気取りのために）、案外日本人はケロッとしている。
逆の立場だったら戦争にもなりかねない騒ぎとなるかもしれない。

そうは言っても、国家の危機的状況（50年とか100年に1度くらいの）では、どの国民よりも⑤気概を見せる国民であることも忘れてはならないだろう。

そして万が一どん底となり、大変な環境になったときにでも⑥明るく未来を信じることができる力の大きさには目を見張るものがある。
世界で唯一といってよいほど、一つの国家として綿々と安定してこられたのも、これらの日本人の特質のおかげである。

とくに若い20代の人たちが、日本の明るい未来のために必要な力を、そのとき、そのときに発揮しつづけてきたところにも、その負うところは大きい。これは⑦犠牲心と表現してもよい。
ここでの犠牲心とは、よりよい社会のためにとか、相手のために役立つとかの意味である。

2011年3月11日の東日本大震災では大変な被害を受けた。
しかし、その後の日本人を見て世界は驚いた。団結力、規律、高い道徳心、他人を尊重する心そして犠牲心に対してである。

サッカー日本代表監督として就任したザッケローニが日本チームの20代のメンバーを見てもっとも驚き、感銘を受けたのは、その「礼儀正しさや他者への尊敬」そして「犠牲心」だったという。

“黒船”来航の時代から変わらぬ日本の20代の人たちがこうしている限り、日本の未来は明るいに決まっている。さらによくなっていくに決まっている。
そしてあなた自身の明るい未来である。
必ず明るい未来を生き抜いてくれることを願いたい。

あなたのその人生が、日本の未来をもっともっと明るくしていくのだ。
あなたの、自由で、自分の思うような人生をぜひ実現していってほしい。
そのためにも日本人としてのすばらしさ、特質を大いに身につけていただき、また本書で紹介した考え方や姿勢を身につけていただき、すばらしいあなたらしい成功人生、あなたらしい幸せな人生を実現していただくことを強く信じている。

Einen schönen Tag.

今後のストーリーの筋書きは、自分自身で決める

本田圭佑
（プロサッカー選手）

藤沢《ふじさわ》 賢《けん》

1966年、神奈川県生まれ。慶応義塾大学法学部卒業。
某有名商社にて、長年海外ビジネスに携わる。現在は数社の会社を経営し、コンサルタントとしても活躍。
東京とロサンゼルスを拠点とし、独自のライフスタイルを確立。「仕事力をつけ、自由に生きる」ということをテーマに、精力的に活動をしている。

20代のうちに知っておきたい 仕事のルール27

2012年11月21日 初版発行

著　者　藤沢 賢
発行者　野村 直克
ブックデザイン　土屋 和泉
写真　Gettyimages／Thinkstock
発行所　総合法令出版株式会社
〒107-0052
東京都港区赤坂1-9-15 日本自転車会館2号館7階
電話 03-3584-9821（代）
振替 00140-0-69059

印刷・製本　中央精版印刷株式会社

本書には、宮城県石巻市でつくられた東日本大震災復興支援用紙を使用しています。

 ISBN978-4-86280-335-1

20代のうちに知っておきたい
お金のルール38

千田琢哉／著　定価1260円（税込）

20代を中心に圧倒的な支持を得ているベストセラー著者が説く、「お金から愛される」ための大切な38のルール。短くてキレのある言葉にグサリと打ちのめされる読者が続出。